W0219542

Ilustraciones: Francisco Arredondo/ Equipo Susaeta
Textos: Francisco Arredondo / Equipo Susaeta

© SUSAETA EDICIONES, S.A.- Obra Colectiva
Campezo, s/n - 28022 Madrid
Tel.: 913 009 100 - Fax: 913 009 118

LA GRANJA

Y LA VIDA EN EL CAMPO

susaeta

La granja. ¿Qué podemos encontrar en una granja? Un establo, una cuadra, un gallinero, una pocilga, cercas, la casa donde vive el granjero y su familia, un pequeño estanque donde beben y se bañan los animales...

Dentro de la granja. Los animales pueden estar sueltos, sin el menor peligro, dentro del recinto de la granja. Si, además, tienen una pequeña charca, se lo pasan fenomenal.

De todos modos, el perro guardián no les quita ojo, por lo que pueda pasar...

El gallinero. Hoy las gallinas están contentas porque acaban de nacer muchos pollitos, pero van a tener mucho trabajo: ¡son muy traviesos!

Explotación avícola. En estas inmensas granjas se crían aves, se fomenta su reproducción y se aprovechan sus productos. Hoy en día quedan ya pocos lugares en donde las aves se críen de forma natural, ya que es menos rentable.

Los pollitos y gallinas se pasan el día picoteando para engordar rápido.

Ladrón de gallinas. El zorro es muy astuto y rápido. En cuanto el granjero se descuida... ¡zas, le roba una gallina y se la lleva al bosque para alimentar a sus cachorros!

El estanque de la granja. A las ocas de la granja no les importa que los patos salvajes vengan cada año a criar en su estanque. Ya están acostumbradas. ¿Sabías que el pato macho tiene el plumaje más colorido que la hembra?

¡Ya están aquí! Es primavera y, como cada año, las cigüeñas vuelven al nido que abandonaron en otoño.

El plumón. Las ocas tienen fama de ser bastante ruidosas. Además, son muy fieras con los desconocidos.

Su plumón se usa para rellenar cojines, edredones...

Las ocas. Al salir del cascarón, los polluelos de las ocas, llamados ansarones, confunden cualquier cosa que se mueve delante de ellos con sus progenitores...

¡seguramente creen que este perro es su papá!

Los pavos. El pavo es una de las aves más grandes del corral. Se alimenta de grano y vegetales. Es un animal muy fuerte y acostumbra a enfrentarse a las gallinas y los patos. Y si se empeña... ¡también a los gallos!

¡Feliz Navidad! En muchos países se celebran las fiestas navideñas cocinando un buen pavo. Todos se esfuerzan por conseguir el más gordo y sano.
De momento, a estos niños lo único que les interesa es jugar un rato con él.

Conejos domésticos.

Los conejos se crían en las granjas por su carne y su piel, pero también se utilizan como animales de compañía. Sus crías se llaman gazapos.

Los conejos silvestres viven en madrigueras y se alimentan al atardecer. Los domésticos, que proceden de los anteriores, viven en conejeras y son alimentados por el hombre.

¡Cuidado, se abre la veda! La liebre es muy parecida al conejo de granja, pero vive en estado salvaje.

–¡Hay que ir con cuidado, los cazadores están cerca! ¡Corred a la madriguera! –dice la mamá a los lebratos.

La pocilga. El cerdo es un animal muy voraz. Come prácticamente de todo: frutas, verduras, hortalizas, raíces, harinas, toda clase de piensos preparados e, incluso, carne cocida.

Los lechones. La mamá cerda puede parir hasta doce lechoncitos dos veces al año. Cada uno de ellos mamará siempre de la misma tetilla.

El cerdo tiene infinidad de nombres: marrano, cochino, puerco, verraco, gorrino...

Del cerdo se aprovecha todo. Con su carne se hacen sabrosos embutidos; con su piel, calzado, carteras, etc.; y con su pelo, brochas y pinceles.

El cerdo es un experto rastreador de trufas.

Razas de cerdos. Hay una gran variedad de razas de cerdos. El sabor de su carne y el color de su piel cambia mucho de una región a otra.

La trashumancia. Con la llegada del mal tiempo y las primeras nevadas, el pastor abandona la montaña y desciende al valle con sus ovejas.

Recogida de las ovejas. Después de varias semanas en las montañas, el pastor vuelve con sus ovejas a la granja, pues llega el verano y tiene que ir pensando en esquilarlas para vender la lana.

Para fabricar el queso, la leche se cuaja en grandes cubas.

Después, se coloca en moldes para que el agua escurra.

El queso se transporta a grandes cuevas o bodegas para ser curado.

Una vez curado, etiquetado y embalado, se pone a la venta.

De la oveja se obtiene...

La oveja, además de lana, nos proporciona carne, queso y leche, y con su piel se hacen bolsos, zapatos, etcétera.

Un paseo por la granja. A estos tres niños les encanta ir a la granja para dar de comer al burrito.

¡Un tremendo obstáculo! La lluvia torrencial ha impedido al cabrero vadear el río con su rebaño. «Hoy no podremos bajar al pueblo a vender el queso y la leche», piensa contrariado. «Tendremos que esperar a mañana.»

De camino al pueblo. El cabrero se ha acatarrado, será su hija quien baje con las cabras al pueblo para vender la leche y el queso.

–¡Vaya, ya están otra vez! ¿Queréis dejar de pelear? ¡Siempre igual! –dice María enfurruñada.

De la cabra se obtiene... Con la leche de cabra se elaboran unos quesos que se pueden consumir frescos, semicurados y curados. Su piel es apreciada para fabricar cuero.

–¡Es muy fácil ordeñarlas! ¡Sólo tienes que ir con cuidado para no hacerles daño! –le dice el abuelo a su nieto.

En la montaña. Cuando el tiempo lo permite, los rebaños de vacas pastan en las montañas, donde la hierba es fresca y pura. De este modo, las vacas dan una leche excelente.

¿Sabías que en las zonas de alta montaña se aprovechan los teleféricos para bajar las cubas de la leche?

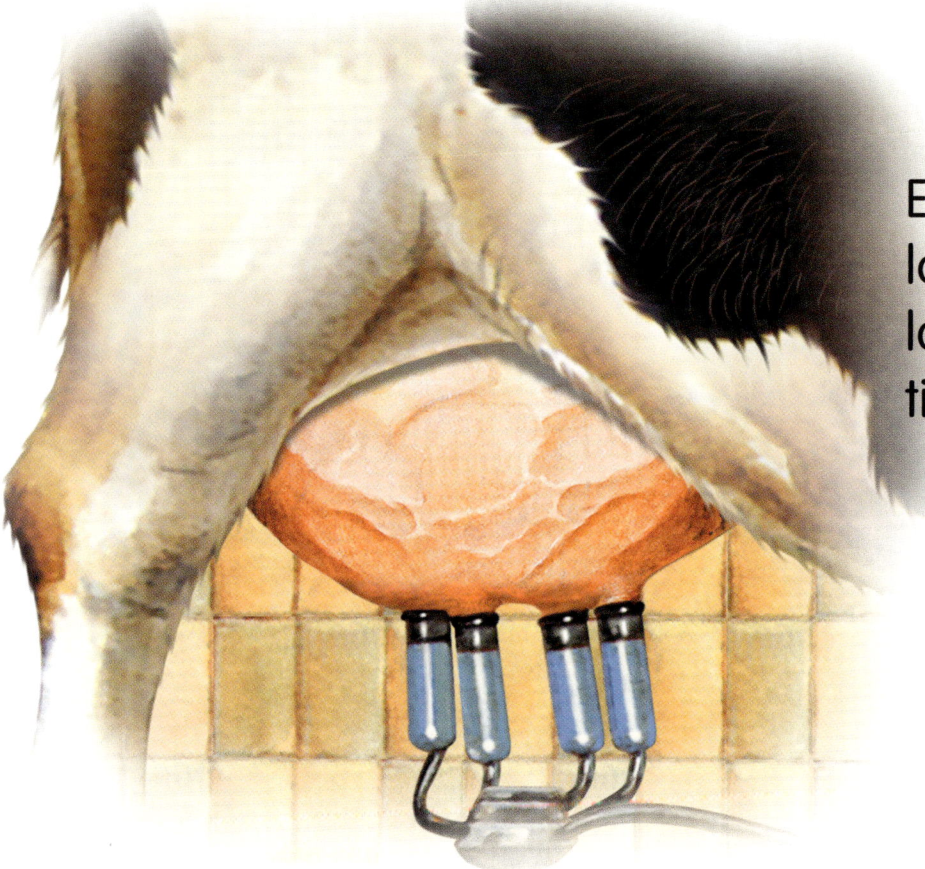

En la actualidad casi todos los ordeños son mecánicos, lo que ahorra mucho tiempo y trabajo.

El antiguo ordeño manual ya sólo se realiza para consumo propio o para abastecer a pequeños pueblos y aldeas, ya que casi no da beneficios.

El ordeño. ¿Sabías que para que una vaca dé leche tiene que tener un ternerillo? Al poco tiempo de nacer, lo separan de la madre para criarlo con biberón y así poder ordeñar la leche que no consume.

La recogida de la leche. El camión cisterna transporta la leche a la central lechera, donde, tras una serie de procesos, se envasará para el consumo.

De la vaca se obtiene... Existen numerosas razas de vacas, que dan más o menos cantidad de leche de distinta calidad. Pero, de todas ellas, además de leche, se obtiene queso, mantequilla, yogur, carne y cuero, con el que se fabrican zapatos, bolsos, cinturones...

¡Atención, peligro! Hay que tener mucho cuidado con las señales de tráfico que indican «peligro, animales sueltos». En las cercanías de las granjas es frecuente que los animales se crucen en nuestro camino.

El mercado. Antiguamente, los granjeros y agricultores llevaban al mercado del pueblo más cercano los productos que habían obtenido de su trabajo.

Un día en el mercado.

–Oye, ¿queréis dejar en paz mi bocadillo? –grita la niña.

En los mercados se reúnen todos los granjeros y agricultores de los alrededores del pueblo para vender sus productos.

El guardián de la granja. ¡Qué bien se llevan todos los animales con el perro del granjero!

¡Aumenta la familia!

Laki ha tenido seis cachorritos y los hijos del granjero se van a encargar de cuidarlos. ¡Mira qué traviesos y juguetones son!

Los gatos son muy útiles en una granja. Donde están ellos, difícilmente habrá ratones, que se comen las cosechas.

Gatos en la granja. ¿Le saldrá bien la jugada a este sigiloso cazador o tendrá su dueño que rescatarlo del árbol?

Los animales también tienen que luchar contra las inclemencias del tiempo.

Cuando el agricultor no está, los pájaros aprovechan para robarle los granos del sembrado.

Los pájaros. Debido al crecimiento de las ciudades y de los campos de cultivo mecanizados, los pájaros se han tenido que acostumbrar a subsistir de lo que encuentran en los sembrados.

Los patos. Estos niños se han acercado al lago con sus perros para ver a los patos.

–¡Quietos! ¡Los estáis espantando! –le dice el pequeño a los perros.

Animal para todo. En muchos países el burro todavía realiza casi todas las tareas agrícolas pesadas: tira del arado y del carro, mueve el molino y, además, si no se pone tozudo, ¡puedes montarlo!

Debido a su tamaño, los burros tiraban de carros pequeños. Los chatarreros y traperos los usaban para cargar la mercancía.

Un animal muy «burro». El coste del mantenimiento de un burro es menor que el de un caballo. Suele ser un animal dócil, pero, cuando se pone terco, ¡es muy burro!

Aquí lo vemos portando pesados cántaros con agua.

El mejor aguador. El burro, además de muchas otras tareas del campo y la granja, ha sido muy apreciado para mover las norias y extraer agua de los pozos.

Caballos mitológicos. Los unicornios, los caballos alados y los centauros son algunos de los animales extraordinarios que podemos encontrar en la mitología clásica.

¿El mejor amigo del hombre? Siempre se ha dicho que el perro es el mejor amigo del hombre, pero... ¿y el caballo? Sin su ayuda los seres humanos nos habríamos visto muy limitados.

En países con monarquía, los reyes siguen utilizando antiguas carrozas en ocasiones especiales.

Las diligencias transportaban a las personas y repartían el correo.

Transporte a caballo. Antes de que se inventara el motor de gasolina, el hombre utilizaba el caballo, animal dócil y fuerte, como medio de transporte.

Antiguamente la cerveza se transportaba en carretas tiradas por caballos.

Hasta 1900, año en que se les puso un motor eléctrico, los tranvías eran arrastrados por caballos.

A principios del siglo XX, el basurero recogía la basura con un carro arrastrado por un caballo.

Deporte y placer. El caballo no sólo se utiliza como animal de tiro, también se usa como animal de recreo, para dar magníficos paseos por el campo o en competiciones deportivas.

Es un placer pasear a caballo por el bosque.

En las carreras de caballos se hacen apuestas parecidas a las quinielas de fútbol.

Los caballos tienen que estar muy bien entrenados para lograr dar estos saltos tan impresionantes.

Estas calesas se usan en algunas ciudades para pasear a los turistas por los lugares típicos.

En algunas zonas del norte de Europa aún se pasea en bonitos trineos guiados por caballos.

Razas de caballos. Los caballos, cuando ya han sido domesticados, son muy cariñosos con sus cuidadores, muestran gran interés por todo lo que sucede a su alrededor y disfrutan con la compañía de otros caballos.

El caballo de tiro es algo lento, pero es grande y robusto, y tiene una fuerza tremenda para arrastrar troncos, arados y toda clase de vehículos.

En la actualidad, los tractores han sustituido a los caballos en las labores agrícolas.

Los caballos no son todos iguales; se diferencian por su tamaño y pelaje.

¡Bienvenido al establo! En la granja acaba de nacer un potrillo. ¡Esta vez sin la ayuda del granjero!

Al poco tiempo de nacer, el potro se pone de pie para poder mamar de la yegua.

¡Es increíble, sólo tiene unos días y ya corre al lado de sus padres por las praderas cercanas a la granja!

El caballo en estado salvaje. En Norteamérica se daba caza a una gran cantidad de caballos salvajes que después tenían que ser domesticados en los ranchos.

El ganado en América.

La labor del vaquero es transportar el ganado por las grandes praderas.

Los romanos hacían carreras de cuadrigas en el circo.

El borrico se utilizaba para transportar pequeñas cargas de un pueblo a otro.

El mulo, por su mayor fuerza, cargaba con bultos más pesados.

Con sólo dos caballos se podía transportar una pesada carreta cargada con bidones, tinajas y sacos de legumbres.

Animales de tiro (1). Estos dos bueyes están arrastrando la herramienta agrícola más antigua que existe: el arado.

Las caravanas recorrían largas distancias por terrenos muy abruptos.

Los bueyes tienen tanta fuerza que son capaces de arrastrar pesados carros y tirar de un gran arado.

Animales de tiro (2).

Las carretas de los colonizadores americanos iban muy juntas y en fila porque, de ese modo, sus ocupantes se encontraban más seguros frente a los posibles peligros del camino.

¡Este agricultor ha sido muy listo! ¿Te has fijado? Ha puesto en el carro unas viejas ruedas de tractor para amortiguar los baches.

El arado a mano. ¿Te imaginas arar con este sistema hectáreas y hectáreas de campo? ¿Imaginas cómo sería estar todo un día labrando la tierra? Yo te lo diré: ¡agotador!

¿Sabías que hay escuelas en las que entrenan a los elefantes para estas tareas?

El arado mecanizado. En la actualidad, los tractores realizan todas las labores del campo. Estos vehículos son una herramienta fundamental para el agricultor, ya que hacen que su trabajo sea menos duro.

La siembra. Cada vez hay menos agricultores que siembren manualmente sus campos. Lo habitual es que esta labor la realice una máquina llamada sembradora.

El arado deja unos surcos y terrones de tierra muy bastos. Al pasar el pulverizador, los terrones se deshacen y la tierra queda preparada para recibir las semillas.

La sembradora distribuye las semillas por el sembrado y las entierra a la misma profundidad para que todas broten más o menos a la vez.

Trillando en la era. Este hombre está separando el grano de la paja con la ayuda de un tablón con pedazos de pedernal llamado trillo.

La cosechadora. Esta máquina realiza muchas tareas: cosecha, limpia el trigo para llevarlo al granero e, incluso, empaca las balas de paja.

Los accesorios del tractor.

La empacadora recoge la paja y forma con ella pacas.

El vibrador agita el olivo para que caigan las aceitunas.

El arado puede labrar grandes extensiones de tierra.

Este accesorio sirve para transportar las pesadas pacas de paja al remolque.

Esto es un remolque.

Cosechadora de trigo.

Cosechadora de uvas.

Maquinaria agrícola. En algunos países de África aún se recolecta el algodón a mano.

Esta máquina abona la tierra y la fumiga.

Debido a la escasez de lluvia, algunos campos ya no se riegan con el método de inundación, sino con grandes aspersores.

El azúcar. Se utiliza en la alimentación y se extrae de la remolacha y la caña de azúcar.

Azúcar blanco

Azúcar moreno

Azúcar en polvo

Terrones de azúcar

Caramelos

La remolacha se recolecta, se carga en remolques y se lleva a la planta azucarera para ser procesada y convertida en azúcar.

La remolacha se lava.

Una máquina la tritura.

El zumo pasa a unas calderas para cristalizar el azúcar.

La patata. Se introduce en Europa a finales del siglo XVI y es originaria de América del Sur. Por eso, si hubieses nacido antes de esta fecha... ¡no habrías podido tomar tortilla de patatas! ¿Te imaginas?

Patata germinada.

Una vez sembrado, el tubérculo empieza a echar raíces.

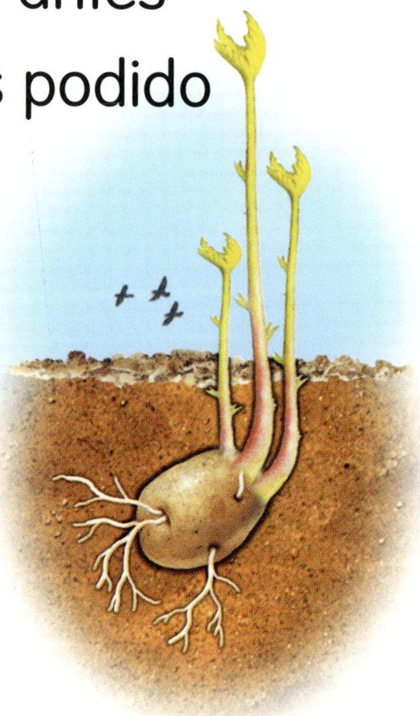

A los pocos días emergen los tallos.

¡La planta ya ha crecido!

"CHIPS"

El vareado del olivo.

Alrededor del olivo se pone una tela o red grande para que, al varear las ramas, caigan las aceitunas y se puedan recoger con mayor facilidad.

El girasol. Las semillas, que crecen en el corazón de la flor, una vez tostadas son las deliciosas pipas de girasol. ¡La planta puede medir hasta 2 m de altura!

De las semillas se extrae el aceite de girasol.

El maíz. En América del Sur se usa la harina de maíz para hacer unas tortas que sustituyen al pan.

El maíz se puede comer cocido o en forma de palomitas.

Las gallinas
comen granos
de maíz.

Las panochas de maíz
refuerzan la dieta de los
caballos y las vacas.

¿Cómo se hace el pan? Del trigo molido se extrae una harina con la que se fabrican cereales, pasta, pasteles y, por supuesto, pan.

El trigo se tritura para extraer la harina.

La harina se mezcla con levadura, sal y agua para obtener la masa del pan.

El panadero pesa la masa para después darle la forma deseada.

La masa se cuece en el horno hasta que se endurece la capa superficial.

La vendimia. Estos agricultores están recogiendo el fruto de las vides para transportarlo a la bodega, donde su jugo (el mosto) se dejará fermentar hasta que se obtenga el vino deseado.

La pisada de la uva. Antiguamente el zumo de la uva se extraía pisándola en grandes lagares. En algunos pueblos aún se mantiene esta costumbre, pero como un ritual festivo, ya que sólo se pisa una parte de la primera cosecha.

Este sistema para prensar la uva tenía la ventaja de que el líquido prensado caía directamente a la tina que había en el sótano.

Este otro consistía en una enorme rosca que iba chafando la uva al dar vueltas.

De la uva al vino. Los licores y vinos de calidad se conservan en barricas de madera de roble.

En la actualidad algunos vinos se han industrializado mucho debido a su gran demanda.

Un pequeño huerto. Algunas personas tienen en su casa un pequeño huerto donde plantan frutas y verduras para autoabastecerse.

¡Es muy divertido! ¿No te parece?

La germinación. El agricultor planta las semillas en una caja, con una separación adecuada. Más tarde, cuando han germinado, las trasplanta a otro recipiente más grande, o directamente al huerto.

Un pequeño invernadero es una buena solución para proteger lo plantado.

Aquí vemos el proceso de germinación de la planta del guisante.

Experimenta con semillas. Con esta experiencia verás crecer varios tipos de semillas en muy pocos días.

Hay una gran variedad de semillas. Algunas posiblemente las tienes en casa. Pero, si no es así, también puedes comprarlas ya preparadas en tiendas.

2. Riega la tierra con abundante agua.

3. Cubre el recipiente con un plástico negro para que las semillas estén a oscuras, pero deja que la tierra reciba la luz del sol.

1. Llena un recipiente con tierra para macetas y entierra las semillas lo más cerca del cristal.

4. A los pocos días comprobarás cómo cada semilla germina a un ritmo distinto.

Días de lluvia.

Puede que la lluvia no te resulte muy divertida si has decidido dar un paseo en bicicleta, pero es fundamental para las cosechas.

Aprovechamiento del bosque. Despejar el bosque de troncos viejos, ramas y hojarasca evita gran cantidad de incendios cuando llega el verano y favorece el crecimiento de los árboles.

Arreglar los cercados deteriorados.

Cortar leña para los crudos días de invierno.

El invierno se aprovecha para...

En invierno, el agricultor realiza una serie de trabajos que, aunque no son propiamente agrícolas, vendrán muy bien cuando llegue el momento de trabajar la tierra.

¡Animales sin hogar! Crecen nuestras ciudades, se extienden los cultivos: cada vez vamos apartando más y más a los animales de su hábitat.

Protección del campo. El agricultor ha agudizado el ingenio para proteger sus campos de los pájaros, pero no siempre tiene éxito.

Las cintas de plástico movidas por el viento son un remedio muy económico.

Los altavoces producen un sonido que asusta a los pájaros.

Muchos sembrados se protegen con mallas de metal o de plástico.

El espantapájaros se coloca para evitar que los pájaros dañen los cultivos. ¡Éste no ha hecho mucho efecto!

Los pesticidas. Estos productos antiparasitarios son necesarios para proteger las cosechas, pero algunos de ellos son muy contaminantes.

Los pesticidas caen sobre los cultivos y la tierra.

Cuando llueve, los pesticidas se filtran y son arrastrados a los manantiales subterráneos que usamos para beber.

Más tarde, los residuos van a los ríos y, después, al mar. Éste nos los devuelve de nuevo en forma de lluvia... ¡y el ciclo continúa!

¡Los desastres naturales!

El granizo destroza las hojas y los frutos de las plantaciones.

Las heladas pueden echar a perder toda una cosecha.

Efectos de una sequía persistente.

Cuando se producen inundaciones, aún queda la esperanza de que el agua no haya arrastrado las plantas.

Los incendios y las plagas también son devastadores para las cosechas.

Las plagas. Son un grave peligro para la agricultura, ya que pueden acabar con toda una cosecha. Las hay de muy diversos tipos: insectos, roedores, aves...

Las bandadas de estorninos son una verdadera plaga para los campos.

Las mariquitas son el mejor insecticida natural contra las plagas de pulgones.

Las águilas y los búhos son buenos aliados para el agricultor, ya que cazan ratones de campo, muy dañinos para las cosechas.

No todos los cultivos se desarrollan al aire libre. Existen estructuras, los invernaderos, que sirven para proteger los cultivos y favorecer su crecimiento.

Los champiñones se cultivan en cuevas húmedas con la mínima luz posible.

Tras la recolección, el champiñón se coloca en cajas y se vende al mercado o a empresas conserveras.

Hay invernaderos que son enormes cúpulas capaces de facilitar el paso de la luz y el aire según sea necesario.

Techos de plástico para proteger los cultivos de las heladas.

Microclimas. Para que algunos animales tropicales puedan vivir en otros climas, se construyen estos espacios artificiales.

Clases de frutas. Hay una gran variedad de frutas. Aquí tienes una pequeña muestra. ¿Sabes cómo se llaman?

Árboles frutales. Los manzanos están considerados como los árboles frutales más antiguos y se cultivan en todo el mundo. ¡Qué bien se lo están pasando estos niños!

Las conservas. Todas las civilizaciones han sentido la necesidad de conservar los alimentos para así poder consumirlos cuando escasean.

En la actualidad las técnicas de conservación han evolucionado tanto que se puede conservar prácticamente cualquier alimento, ya sea de origen vegetal o animal.

La fruta puede conservarse hevida en agua con almíbar o miel.

¿Quieres saber
cómo crecen las fresas?
Primero, florece la planta.

Cuando la flor se marchita, su
corazón se convierte en una fresa.

Las fresas
maduran...

... ¡y ya están
listas para
comer!

El cacao, el té y el café. El chocolate se obtiene a partir de las semillas que se encuentran encerradas en el fruto del cacao.

Las semillas del cafeto se extraen
de la baya madura.
¿Sabías que el café procede de Arabia?

El té, bien sea verde, negro, aromatizado o con frutas, es la segunda bebida más consumida en el mundo, después del agua. Proviene de una planta perenne, es decir, que siempre tiene hojas. El té de mayor calidad es el que proviene de las últimas hojas de los brotes nuevos.

Los apicultores construyen panales de madera para que las abejas puedan depositar la miel y la cera, con la que se elaboran velas.

Las abejas y la miel. Las abejas absorben el néctar de las flores y lo transforman en miel. Estos insectos realizan un trabajo muy beneficioso, ya que polinizan las flores al posarse sobre ellas.

La apicultura. Es una práctica muy antigua que consiste en criar abejas para poder recoger el fruto de su trabajo, la miel. Antiguamente se utilizaban cestos y barriles como colmena.

El apicultor, en la actualidad, usa panales con planchas móviles y previene las picaduras con humo.